Keep Your Eyes

Level 1 ■ 3
Hone your skills with these nice and easy puzzles.

Level 2 ■ 23
Look a little more carefully in order to spot the differences.

Level 3 ■ 44
Keep your eyes moving as more subtle changes emerge.

Level 4 ■ 65
Search thoroughly—these puzzles require an eye for detail.

Answers ■ 85

Keep Your Eyes Peeled!

Ready for a challenge? It's time to get started with *Picture Puzzles*! Just look carefully at the pictures on each page to see if you can spot the differences between them. But beware: The puzzles get progressively harder with each level. The number of changes increases, the differences become more subtle, and the pictures are more densely detailed.

You'll hone your observation skills as you move through the book. Keep in mind that we've altered each picture in a variety of ways. Not all puzzles feature just two images. Some puzzles involve finding a single change among a grouping of four or six of the same picture.

Putting your brain to work and focusing your attention can be enjoyable activities. So take a deep breath, clear your mind, and get ready to find all the differences in *Picture Puzzles*!

5 changes

Puzzling Parasols

Changes have been raining down upon this group of umbrellas. Look closely, and you'll uncover them all.

5 changes

Just for Kicks

Can you find all the changes we've made to this heated soccer game? We promise you'll have a ball.

Answers on page 85.

6 changes

Luminous Change

The differences here aren't clear as glass.
You'll have to search carefully to illuminate them.

Train Your Eyes

Stop and look: Can you track all the changes
we've made to this station scene?

5 changes

Shake, Rattle, and Roll

We thought we'd shake things up by altering these maracas.
Look for the differences.

Answers on page 85.

Pin Down the Difference

Inspect these clothespins closely.
One picture contains a single change.

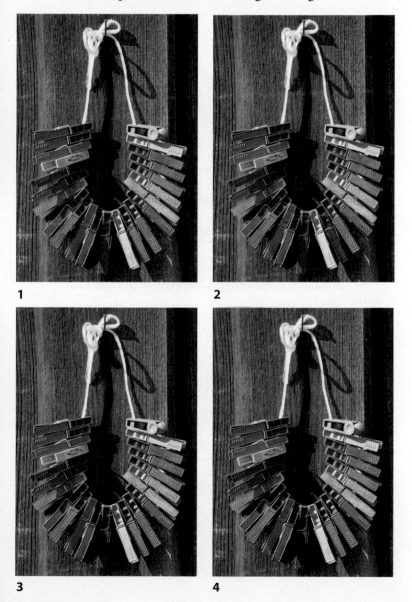

1

2

3

4

Chess Challenge

We're sorry to put this u*pawn* you, but can you
spot the changes in this chess game?

Answers on page 86.

5 changes

String Theory

There are some pretty subtle changes in this puzzle.
Don't get wound up—just search carefully.

6 changes

Step Up to the Plates

Can you find the differences between these pictures?
This puzzle might test your metal—er, mettle.

Answers on page 86.

5 changes

True Colors

We've painted a whole new picture.
Can you find the differences?

7 changes

A Clean Sweep

Brush up on your skills of observation by looking for the differences between these pictures.

6 changes

Sport Your Skills

Can you tackle all the changes in this puzzle?

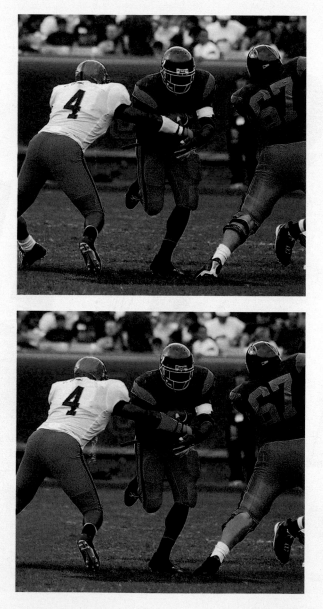

Answers on page 86.

Take a Seat

We don't mean to put you in the hot seat, but can you find the picture exhibiting a single change?

1

2

3

4

5

6

6 changes

Hats Off to You . . .

. . . if you can find all the ways we've altered this photo.

Answers on page 87.

6 changes

Muddled Acoustics

Don't fret about this one: Just look closely,
and you should be able to find all the changes.

5 changes

Pole Position

The photos below are relatively similar, but we've carved in a few changes. Can you find them?

Answers on page 87.

It's in the Cards

You'll have to be crafty to find all the differences in the card-making scene below. How many can you find?

Corkscrew Scrambler

Can you spot a single change in one of these
topsy-turvy rides?

1

2

3

4

5

6

Answer on page 87.

You're on a Roll

Now study these leafy greens, and *lettuce*
see if you can find the changes.

Seeing Red

Look among the lanterns below, and see if you can shine
a light on the changes we've made.

Answers on page 88.

Coastal Changes

Can you find all the ways we've altered these beachside dwellings? Give it the ol' *cottage* try.

Answers on page 88.

Shop 'Til You Drop

And drop he did! See what we adjusted in
this picture while he was sleeping.

Earn Your Stripes

Can you identify one change hiding among these pictures?
We're sitting tight (in tights!) to see if you can solve this one.

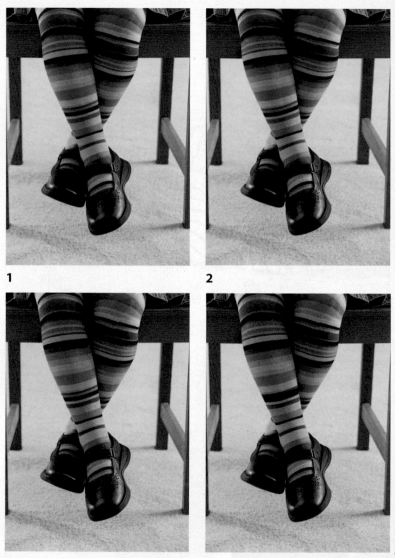

1

2

3

4

Answer on page 88.

Different Views

Search the exterior of this charming hotel
to find what we've remodeled.

Fabric Fluctuations

We've refashioned these fabrics.
Examine them oh-*sew*-carefully for changes.

Answers on page 89.

Stretch Yourself

Some of us can't handle change, but this picture proved
flexible. Can you find all the differences?

Pillow Party

It's no secret that these pictures are different.
We dare you to find out how!

Answers on page 89.

Hit the Beach

The sun is setting on this sandy scene, but there are still changes to dig up. Search carefully!

Sock It to Me

We've planted some differences among these jewel-toned vases, mugs, and socks. Can you locate them all?

Answers on page 89.

Ham It Up

Can you find a single change in one of
the festive feasts below?

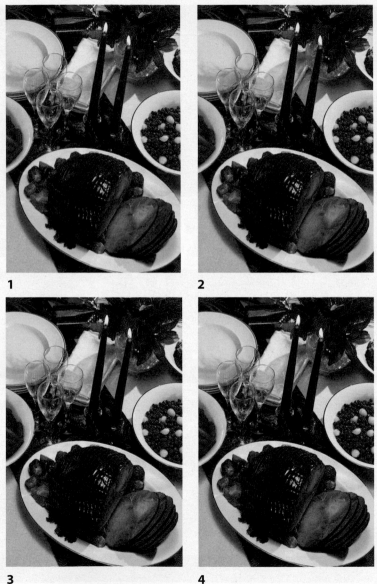

1

2

3

4

Answer on page 89.

Apartment Search

One of these sprawling buildings is not like the other.
Compare the two as you conduct your apartment search.

Jumble of Journals

There are some noteworthy changes here.
Try to record them all.

Answers on page 90.

Go Fly a Kite

Yes, we've tweaked this photo—we're not just stringing you along. Think you can find all the changes?

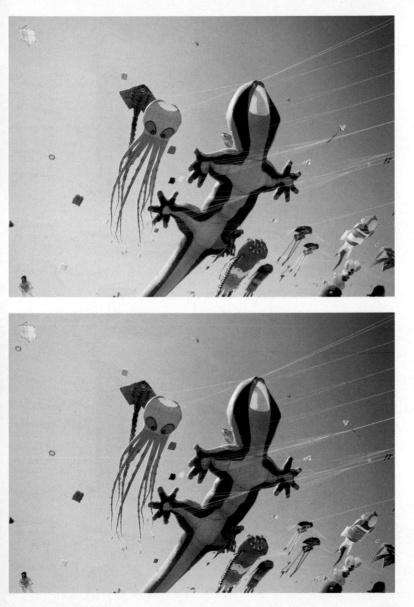

Answers on page 90.

Set in Stone

Or is it? We've chiseled away at this picture,
and now it's up to you to note the differences.

Answers on page 90.

Fresh from the Field

A single change is hiding among these fruits and vegetables.
Can you pick out the altered picture?

1

2

3

4

8 changes

Uncork the Mystery

Everything was ready for the gala event, but then we rearranged some things. Can you find what changed?

Answers on page 90.

Oh Buoy!

The differences here are bobbing just below the surface.
Can you reel them in?

Answers on page 91.

Break Out the Bubbly

We've poured some changes into this picture.
Finding them all will put you in a festive mood.

1 change

Coming Up Roses

We hope this isn't a thorny subject, but there's a single change planted in one of these pictures. Can you find it?

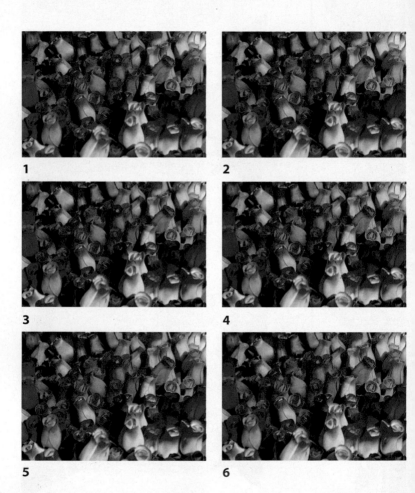

1

2

3

4

5

6

Answer on page 91.

10 changes

Changes in Chinatown

We've reconstructed this portion of Los Angeles's Chinatown. Search for changes.

12 changes

A Slippery Subject

This array of slippers contains many changes. But don't worry, you'll find them all—just take it one step at a time.

Go with the Flow

We've rearranged features of this quaint riverside scene.
Be a showboat and find them all!

Answers on page 91.

Mixed Bags

We've mixed up various elements in the scene below.
Find all the changes, and this puzzle will be in the bag.

1 change

One for the Books

We've made a single change to one of these
library scenes. Can you blow its cover?

1

2

3

4

Answer on page 92.

Plate Variations

Inspect these Illinois plates, and some differences
will start to register—12, to be exact.

Walking on Air

Find all the changes here, and you can stand tall
in your puzzle-solving abilities.

Magic Carpets

Your task is to find all the differences between these pictures. Ready to roll?

Answers on page 92.

Coffee Break

Can you spot the differences between these
pictures? If so, you're one smart cookie!

Answers on page 92.

Sink or Swim

We redid everything in this picture—even the
kitchen sink! Can you find the differences?

Answers on page 93.

Umbrella Statement

Study the sunbathers, swimmers, and sand.
We've made some changes to sea and land.

Rink Revision

There's no skating around it: These pictures aren't the same.
Can you locate the differences?

Answers on page 93.

Costume Change

These photos are masquerading as the same picture,
but see if you can identify some differences.

10 changes

Rush Hour

Examine these pictures carefully to see if you can find the changes. Take your time; we wouldn't want to rush you!

Pull Some Strings

Examine these traditional puppets from Nepal
to see what modifications we've made.

Answers on page 93.

Vehicle of Change

These pictures were identical, and then we steered one in a different direction. Search for subtle changes.

15 changes

Stick It Out

Finding all the differences between these photos
will take some determination—stick to it!

Answers on page 94.

Sew Many Changes

We took a needle and thread and altered this rain forest.
Search among the plants and animals to find the changes.

Vibrant Village

Can you find all the changes we've made to this colorful community? It's a lot more fun than watching paint dry.

Answers on page 94.

Every Dog Has Its Day

Wanna be top dog? Look for a single change in one of the puppy pics below.

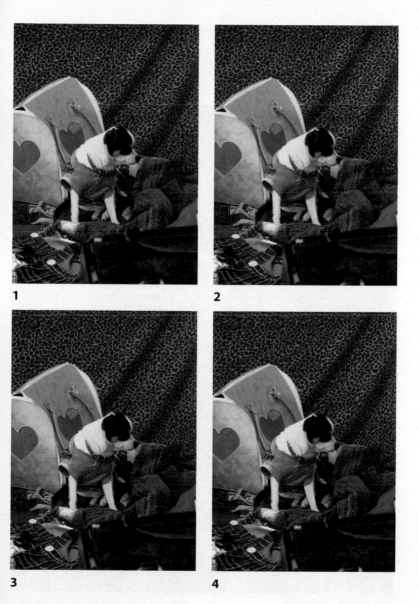

1

2

3

4

Answer on page 94.

12 changes

Monumental Changes
We've modified this Moscow monument.
Can you find all the changes?

Change Is in the Air

There are some changes tied to these colorful balloons.
Can you rise to the occasion and find them all?

Answers on page 95.

Call a Cab

Compare these charming water taxis, and
search for what we've changed.

Answers on page 95.

Souk Search

Examine this Moroccan market to see how
many changes you can find.

Answers on page 95.

Hit the Jackpot

Think you can find all the changes we've made to this slot machine scene? Take a gamble.

Puzzling Pub

Can you tap into the changes we've made here?

Answers on page 95.

Blowin' in the Wind

We've blown through this wind farm and made some changes. Well, actually just one change. Look closely!

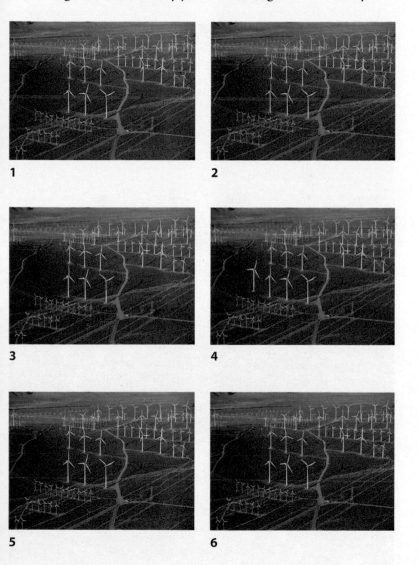

1

2

3

4

5

6

Answer on page 95.

Up, Up, and Away!

We could tell you these photos are identical,
but then we'd be blowing hot air.

15 changes

Don't Spill the Beans . . .

. . . just look for the changes. In this puzzle,
they come in bulk.

Answers on page 96.

Market Research

Can you spot the changes at this farmers' market?
Don't go bananas—some of them are pretty subtle!

Changes Are in Store . . .

. . . and outside the store. Can you rake in the differences?

Answers on page 96.

Greenhouse Effects

We've nurtured a number of changes here.
Think you'll be able to root out the differences?

Ornamental Temple

Contemplate the differences between
these Japanese temples.

Answers on page 96.

Puzzling Parasols, *(page 3)* **1.** Tip of umbrella turned black; **2.** design became green; **3.** flower turned white; **4.** red petal added; **5.** design removed.

■ **Train Your Eyes,** *(pages 6–7)* **1.** Another "S" added to sign; **2.** "LOOK" deleted; **3.** crossing bar shortened; **4.** window now lower; **5.** rail removed;

6. yellow stripe painted over; **7.** chimney grew taller.

■ **Just for Kicks,** *(page 4)* **1.** Stripes on sock removed—did this change knock your socks off?; **2.** sleeve band turned black; **3.** stripes now red; **4.** stripe added; **5.** cleats turned black.

■ **Shake, Rattle, and Roll,** *(page 8)* **1.** Design removed; **2.** design vanished; **3.** part of handle turned green; **4.** handle painted blue; **5.** handle removed—can you handle it?

■ **Pin Down the Difference,** *(page 9)* **1.** Red clothespin now green in picture 2.

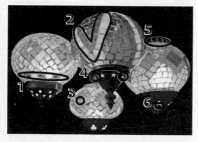

■ **Luminous Change,** *(page 5)* **1.** Glass tiles turned brown; **2.** yellow and red tiles switched colors; **3.** glass turned white; **4.** someone's been reaching for the stars— two are missing; **5.** top of light vanished; **6.** diamond-shape hole added.

■ Chess Challenge, *(page 10)* **1.** King's crown gone; **2.** pawn lost collar; **3.** knight perked up both ears; **4.** white pawn made a traitorous turn; **5.** queen's crown changed shape.

■ String Theory, *(page 11)* **1.** Spool turned white; **2.** spool now cardboard; **3.** loose thread gone—was only hanging by a thread; **4.** thread dyed purplish blue; **5.** spool now shorter.

■ Step Up to the Plates, *(page 12)* **1.** "IDAHO" lost its "O"; **2.** IL registration sticker won't do you much good in CA; **3.** hole moved right; **4.** sticker now bigger; **5.** number turned red; **6.** "69" became "68."

■ True Colors, *(page 13)* **1.** Yellow empty—painter must be in a yellow period; **2.** gold color turned green; **3.** silver band on brush lengthened; **4.** orange spot gone; **5.** black dot now larger.

■ A Clean Sweep, *(pages 14–15)*
1. V-neck became crew neck;
2. vacuum cord deleted;
3. fireplace poker added;
4. gray/ shadowed area on bricks now white;
5. ornamental

pear moved right; **6.** red book removed; **7.** glass cleaner changed color.

■ Sport Your Skills, *(page 16)* **1.** Player started off on the wrong foot—it's now missing; **2.** stripe deleted; **3.** arm pad now yellow; **4.** piece of helmet turned red; **5.** cleat became solid black; **6.** back of knee pad removed.

■ **Take a Seat,** *(page 17)* **1.** Back of yellow chair turned red in picture 6.

■ **Pole Position,** *(page 20)* **1.** Red spot grew; **2.** beak now dark red; **3.** nose grew; **4.** spot gone, but more are waiting In the wings; **5.** face gone.

■ **Hats Off to You . . . ,** *(page 18)*
1. Yellow streamer turned red; **2.** sombrero pattern widened; **3.** two buttons missing; **4.** maraca dropped—shake it off!; **5.** pink string added; **6.** tassel deleted.

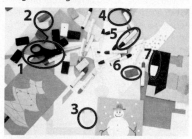

■ **It's in the Cards,** *(page 21)* **1.** Scissors turned red; **2.** chalk colors switched; **3.** hole In paper filled in; **4.** paper turned gold; **5.** crayon removed; **6.** chalk turned purple; **7.** window moved up.

■ **Muddled Acoustics,** *(page 19)*
1. Guitar neck added; **2.** black shapes removed; **3.** red star deleted; **4.** tuning peg removed; **5.** guitar painted green; **6.** bridge of guitar fell off.

■ **Corkscrew Scrambler,** *(page 22)*
1. Someone dismantled the support pole in picture 5.

You're on a Roll, *(page 23)* 1. Chive moved to edge; 2. end of radish cut off; 3. leaf vanished from plate; 4. more water added—hydration is key!; 5. tomato slice appeared; 6. flower turned purple; 7. tines shortened.

Seeing Red, *(page 24)* 1. Building demolished; 2. light removed; 3. pillar turned black; 4. lantern deleted; 5. rectangle turned yellow; 6. wood pieces on wall painted gold; 7. characters deleted; 8. lantern detasseled.

Coastal Changes, *(page 25)* 1. Blue trim now green; 2. side of staircase freshly painted; 3. panel turned gray; 4. post gone—how unsupportive!; 5. cloud rolled in; 6. post deleted; 7. cottage painted blue; 8. stairs painted red.

Shop 'Til You Drop, *(pages 26–27)* 1. Circle turned blue; 2. bag now solid orange; 3. tissue paper deleted; 4. orange paper turned pinkish red;

5. stripes became blue; 6. segment now solid green; 7. yellow bag replaced with green one.

Earn Your Stripes, *(page 28)* 1. Red stripe wider in picture 4.

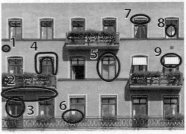

Different Views, *(page 29)* 1. Vent removed; 2. shadow gone; 3. window frame became purple; 4. border around window turned black—that's borderline strange!; 5. window opened; 6. flowers turned pink; 7. awning appeared; 8. shadows gone; 9. stripes darkened.

■ Fabric Fluctuations, *(page 30)*
1. Row deleted; **2.** flower became purple; **3.** colors switched; **4.** shape flip-flopped; **5.** fabric turned brown; **6.** circle removed; **7.** circle gone; **8.** black diamond now red; **9.** yellow stripe became blue.

■ Hit the Beach, *(page 33)* **1.** Draw-string deleted—hope those don't fall off!; **2.** tank top longer; **3.** black circle moved to tip of bodyboard; **4.** design vanished; **5.** yellow trim removed; **6.** person gone; **7.** silver band now longer; **8.** blue cushion replaced with purple one.

■ Stretch Yourself, *(page 31)* **1.** Flag removed; **2.** flag unfurled; **3.** pennant turned pink; **4.** decoration deleted; **5.** tree cut down; **6.** pennant flew away—can you flag it down?; **7.** yellow flag appeared; **8.** spires removed; **9.** person with camera walked away.

■ Sock It to Me, *(pages 34–35)*
1. Hole gone; **2.** vase became shorter; **3.** mug flip-flopped; **4.** socks switched places; **5.** more daffodils bloomed;

6. rim of mug now blue; **7.** price tag gone.

■ Ham It Up, *(page 36)*
1. Some little piggy stole a slice of ham in picture 1.

■ Pillow Party, *(page 32)* **1.** Design removed; **2.** slipper turned solid yellow; **3.** ring vanished; **4.** headband became thinner; **5.** snaps removed; **6.** who ate all the popcorn?—it's a secret!; **7.** hair tucked in front of shoulder; **8.** clock design deleted from pajamas; **9.** circle became square.

■ Apartment Search, *(page 37)*
1. Border turned black; **2.** shades lowered—that's shady; **3.** white border added; **4.** window vanished; **5.** vent on roof removed; **6.** center bar on window deleted; **7.** border painted over; **8.** shade raised.

■ Set in Stone, *(page 40)* **1.** Grout line deleted; **2.** hole patched up; **3.** line filled in with white; **4.** line extended; **5.** ornate piece removed; **6.** design deleted; **7.** frame went from white to brown.

■ Fresh from the Field, *(page 41)*
1. One plum is plumb gone in picture 3.

■ Jumble of Journals, *(page 38)*
1. Journals switched places; **2.** book spine turned yellow; **3.** stack of journals removed; **4.** book became purple; **5.** images switched places; **6.** sign moved left; **7.** book flipped around; **8.** ribbon tied widthwise.

■ Uncork the Mystery, *(pages 42–43)*
1. Cork and gold foil disappeared; **2.** branches trimmed; **3.** someone had a little champagne; **4.** chimney vanished—poof!; **5.** design on label removed; **6.** cake pillar deleted—the bride's not going to be happy!; **7.** cake decoration removed; **8.** windows filled in.

■ Go Fly a Kite, *(page 39)* **1.** Purple kite appeared; **2.** bathing suit turned pink; **3.** yellow kite drifted down; **4.** streamer disappeared; **5.** red spot removed from toe; **6.** kites switched places; **7.** kite changed direction—found a second wind; **8.** stripe now bright yellow.

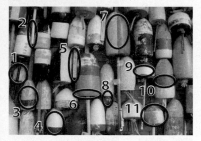

■ **Oh Buoy!,** *(page 44)* **1.** Buoy deleted; **2.** dowel lengthened; **3.** black stripe moved up; **4.** buoy painted solid white; **5.** dowel turned black; **6.** green segment got smaller; **7.** colors switched; **8.** rope deleted; **9.** buoy now all red; **10.** stripe now yellow; **11.** buoy painted white.

■ **Changes in Chinatown,** *(page 47)* **1.** Crosspieces extended; **2.** frame became red; **3.** dragon lost horns; **4.** railing pattern changed; **5.** window disappeared; **6.** lantern tassels removed; **7.** lantern missing; **8.** light lowered; **9.** lantern now yellow; **10.** waves washed away.

■ **Break Out the Bubbly,** *(page 45)* **1.** Ribbon disappeared; **2.** someone drank some champagne; **3.** bottle now blue; **4.** noisemaker moved away—things were getting a bit crazy; **5.** buckle deleted; **6.** brooch removed; **7.** hill now larger; **8.** candle moved; **9.** white bar appeared in window; **10.** gold balloon floated in.

■ **A Slippery Subject,** *(pages 48–49)* **1.** Slipper replaced to match neighbor; **2.** slipper turned blue; **3.** yellow slipper now green; **4.** pom-poms gone— gave us the slip; **5.** brown stripes became red;

6. pom-poms rearranged; **7.** sequin erased; **8.** tassel gone; **9.** white stitching became purple; **10.** colors inverted; **11.** gold stripes now green; **12.** slipper now brown.

■ **Coming Up Roses,** *(page 46)* **1.** Pink rose turned purple in picture 5.

■ **Go with the Flow,** *(page 50)* **1.** Window added—riverfront view!; **2.** blue door painted green; **3.** chimney deleted; **4.** car drove away; **5.** "CAFE" erased from sign; **6.** sign moved up; **7.** window moved right; **8.** street sign moved; **9.** window vanished; **10.** brown bushes added.

Mixed Bags, *(page 51)* **1.** Green stripe turned red; **2.** nail deleted—did you nail this one?; **3.** straps erased; **4.** pink stripe deleted; **5.** light blue stripe grew wider; **6.** bags switched places; **7.** red stripe now yellow; **8.** colors switched places; **9.** pink stripes turned brown; **10.** orange and black print became solid black.

One for the Books, *(page 52)* **1.** Green and brown books switched places in picture 3.

Plate Variations, *(page 53)* **1.** "ILLINOIS" removed; **2.** "6" changed to "9"; **3.** "58" became "85"; **4.** plates switched places; **5.** "E" changed to "B"; **6.** "B" became "D"; **7.** "1" deleted; **8.** holes filled in; **9.** "18" deleted; **10.** "9" now "6"; **11.** "LAND OF LINCOLN" removed; **12.** digits now black.

Walking on Air, *(pages 54–55)* **1.** Blue pants turned purple; **2.** confetti thrown; **3.** leaf sewn on; **4.** decorations removed; **5.** red stripes added to streamer; **6.** skirt shortened—easier to walk in those

stilts; **7.** more pink flowers added; **8.** fringe gone; **9.** tape raised; **10.** colors flip-flopped; **11.** band now green; **12.** gold extended.

Magic Carpets, *(page 56)* **1.** Leaf drained of color; **2.** area now solid green; **3.** cross now blue; **4.** rugs switched places; **5.** edge of carpet dyed orange; **6.** design removed; **7.** strip filled in with forest green; **8.** square turned solid white; **9.** design deleted; **10.** diamonds vanished.

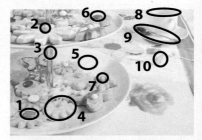

Coffee Break, *(page 57)* **1.** Icing turned green; **2.** gumdrop became green; **3.** part of post below plate cut out—it's a flying saucer!; **4.** red dots added to cookie; **5.** blue cookie appeared; **6.** drop of yellow icing added; **7.** candy now white; **8.** coffee added; **9.** spoon vanished; **10.** leaf gone.

■ **Sink or Swim,** *(page 58)* **1.** Oven door filled in; **2.** water/ice dispenser moved right; **3.** glass added; **4.** trim turned brown; **5.** faucet head deleted; **6.** bar added to chair; **7.** Eiffel Tower gone; **8.** rug removed; **9.** two gray tiles added; **10.** curtain now all brown.

■ **Costume Change,** *(page 61)* **1.** Jewel turned orange; **2.** jewels gone; **3.** ball now green; **4.** bead deleted; **5.** bead now green; **6.** window added; **7.** piece turned pink; **8.** piece now orange; **9.** decoration gone; **10.** red bead now green; **11.** ball deleted.

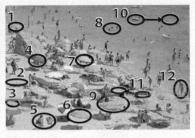

■ **Umbrella Statement,** *(page 59)* **1.** Umbrella turned red; **2.** orange towel added; **3.** towel turned orange; **4.** umbrella now yellow; **5.** people left—went for a swim?; **6.** umbrella turned red; **7.** umbrella now white; **8.** people deleted; **9.** umbrellas switched; **10.** raft drifted; **11.** kickboard moved; **12.** woman went home.

■ **Rush Hour,** *(pages 62–63)* **1.** Pillar added; **2.** white line deleted; **3.** car vanished; **4.** grill and headlights removed— a dim decision!; **5.** truck now blue;

6. building demolished; **7.** section of bus turned green; **8.** sign on bus removed; **9.** bus drove away; **10.** white line erased.

■ **Rink Revision,** *(page 60)* **1.** Windows removed; **2.** two people vanished; **3.** spire now taller; **4.** two people joined hands— couples skate!; **5.** skater moved; **6.** person vanished; **7.** cone removed; **8.** part of black line erased; **9.** building shorter; **10.** jacket now purple; **11.** flag and pole removed.

■ **Pull Some Strings,** *(page 64)* **1.** Circle design gone; **2.** eyeballs now blue; **3.** bead now green; **4.** pendant lost; **5.** fabric now purple; **6.** string broke—hang in there!; **7.** sash now solid white; **8.** third eye deleted; **9.** piece gone; **10.** puppet control removed.

■ Vehicle of Change, *(page 65)* **1.** Carving gone; **2.** light deleted; **3.** bumper now all orange; **4.** sun turned red; **5.** leaf added; **6.** cloud erased; **7.** most of frond now green; **8.** coconuts gone; **9.** space filled in; **10.** crab flipped; **11.** light added; **12.** fish swam in.

■ Vibrant Village, *(page 68)* **1.** Window deleted; **2.** roof painted yellow; **3.** window gone; **4.** window moved; **5.** blanket now blue; **6.** side of house painted gold—now let's paint the town red!; **7.** door gone; **8.** windows removed; **9.** window added; **10.** window deleted; **11.** buildings traded colors; **12.** shutters painted green.

■ Stick It Out, *(page 66)* **1.** Label deleted; **2.** label added; **3.** prices switched; **4.** chopstick turned blue; **5.** accents now purple; **6.** chopsticks sold; **7.** spots gone; **8.** chopsticks switched places; **9.** quite a markup!; **10.** chopsticks added; **11.** stripes gone; **12.** pattern now blue; **13.** characters gone; **14.** price removed; **15.** characters added.

■ Every Dog Has Its Day, *(page 69)* **1.** Tassel deleted in picture 2.

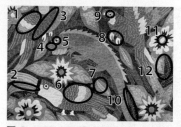

■ Sew Many Changes, *(page 67)* **1.** Wing now solid red; **2.** patch now red; **3.** stitching inverted; **4.** open mouth trying to say something?; **5.** eye rotated; **6.** colors rearranged; **7.** flower planted; **8.** feet now brown; **9.** eye now yellow; **10.** plant gone; **11.** center now black; **12.** plant gone.

■ Monumental Changes, *(pages 70–71)* **1.** Green roofing turned red; **2.** tree grew bigger; **3.** spire disappeared; **4.** line on steeple deleted; **5.** two arches became one; **6.** window filled in with brick; **7.** tip of dome became entirely gold; **8.** window inserted; **9.** window covered; **10.** cross vanished; **11.** panel covered in brick; **12.** window filled in.

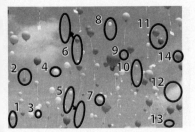

■ Change Is in the Air, *(page 72)*
1. Balloon gone; **2.** ribbon longer; **3.** card deleted; **4.** balloon turned red; **5.** balloon drifted; **6.** balloon sailed higher; **7.** balloon now purple; **8.** balloon twisted; **9.** card lost; **10.** balloon gone—did it pop?; **11.** balloons traded colors; **12.** cloud deleted; **13.** card added; **14.** red balloon turned green.

■ Hit the Jackpot, *(page 75)* **1.** Lights removed; **2.** blue and red columns switched places; **3.** you're a winner!; **4.** price sticker erased; **5.** lettering turned blue; **6.** sign now neon pink; **7.** design removed; **8.** seat turned blue; **9.** "S" deleted from "JACKPOTS"; **10.** arrow pointing in opposite direction; **11.** sign now red; **12.** carpet now solid black.

■ Call a Cab, *(page 73)* **1.** Flower deleted; **2.** word removed; **3.** shirt turned green—a nice look!; **4.** flower disappeared; **5.** row of flowers vanished; **6.** flower turned green; **7.** trim now yellow; **8.** strip turned black; **9.** arch gone; **10.** boat vanished; **11.** pattern gone; **12.** two leaves switched places.

■ Puzzling Pub, *(page 76)* **1.** Container turned green; **2.** "C" changed to "R"; **3.** mug hung up; **4.** bracelet deleted; **5.** glass gone; **6.** bottle removed; **7.** lid became black; **8.** part of towel erased; **9.** mug moved left; **10.** band around lamp got wider; **11.** "R" deleted; **12.** ashtray moved left.

■ Souk Search, *(page 74)* **1.** Wooden panel added; **2.** pot removed; **3.** shape appeared; **4.** shape deleted; **5.** pots switched places; **6.** triangle rotated; **7.** jewelry sold; **8.** plate gone; **9.** hanging pieces erased from mirror; **10.** mirror added; **11.** items traded places; **12.** chair cushion now green.

■ Blowin' in the Wind, *(page 77)*
1. One wind turbine added to left end of row in picture 4.

95

■ Up, Up, and Away!, *(pages 78–79)*

1. Building gone; **2.** highway straightened; **3.** green stripe added; **4.** two white stripes added; **5.** white building longer; **6.** top of balloon now orange; **7.** balloon gone; **8.** cloud drifted; **9.** colors inverted; **10.** balloon floated up; **11.** balloon gone; **12.** balloon floated in; **13.** cars drove away.

■ Don't Spill the Beans . . . , *(page 80)*

1. Number erased; **2.** word deleted; **3.** price raised to 2800; **4.** circle gone; **5.** jar topped off; **6.** package appeared; **7.** jar emptied a bit; **8.** signs switched; **9.** sack now green; **10.** sign gone; **11.** marking gone; **12.** board now dark brown; **13.** package removed—sold!; **14.** sack deleted; **15.** sign removed.

■ Market Research, *(page 81)* **1.** Pot now white; **2.** pole gone; **3.** crate now red; **4.** "Bananas" added to box full of peaches; **5.** door now blue; **6.** label gone; **7.** bananas gone; **8.** crate now black; **9.** box painted gray; **10.** grain piles switched; **11.** road patched up; **12.** rag now blue; **13.** bananas gone; **14.** box now green; **15.** flag pulled.

■ Changes Are in Store . . . , *(page 82)*

1. Accent painted brown; **2.** funnel sold; **3.** lettering now red; **4.** sign vanished; **5.** panel gone; **6.** part of window frame erased; **7.** poles deleted; **8.** bucket now green; **9.** markings added; **10.** window gone; **11.** block now white; **12.** "BOTTLED" erased; **13.** tanks traded places.

■ Greenhouse Effects, *(page 83)*

1. Flowers bloomed; **2.** flowers appeared; **3.** plant gone; **4.** flowers bloomed; **5.** jacket now green; **6.** hyacinth moved; **7.** pot turned black; **8.** gap repaired; **9.** sign now green; **10.** flowers now yellow; **11.** price tags gone—plants now free?; **12.** leg gone.

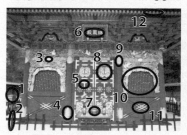

■ Ornamental Temple, *(page 84)*

1. Pillar now taller; **2.** post deleted; **3.** flower now blue; **4.** gold detailing gone; **5.** gold border deleted; **6.** characters erased; **7.** urn became black; **8.** decoration gone; **9.** border now gold; **10.** border now red; **11.** gold removed; **12.** part of roof dismantled.